Anna, 7 Jahre

Von Hans Peterson
Bilder von Ilon Wikland
Aus dem Schwedischen
von Angelika Kutsch

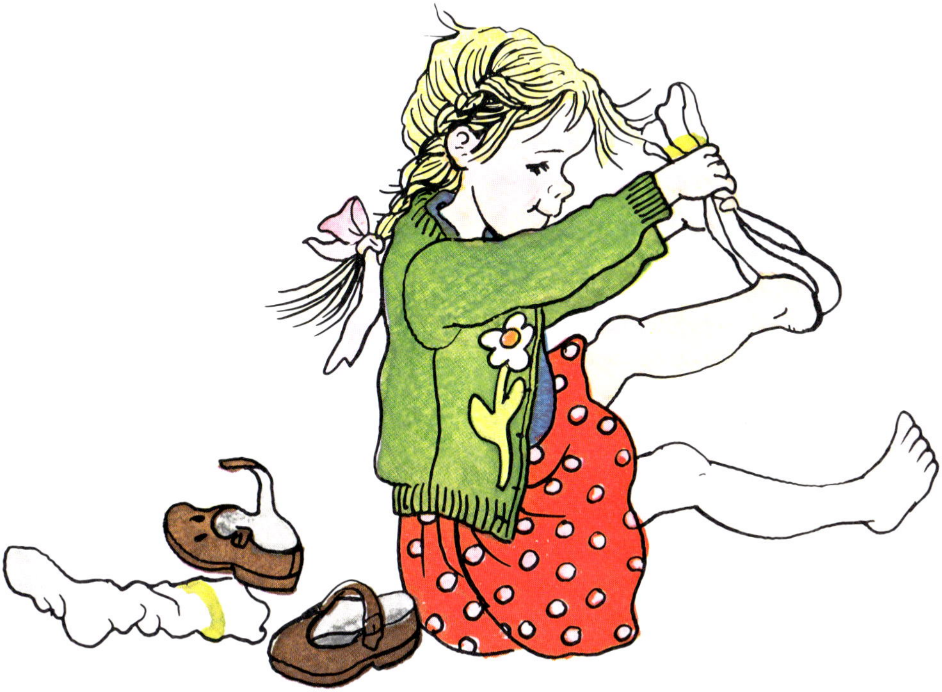

3. Auflage in Schreibschrift 1990
Alle deutschen Rechte bei Carlsen Verlag GmbH, Hamburg 1987
Originaltextcopyright: © 1982 by Hans Peterson
Originalbildcopyright: © 1982 by Ilon Wikland
Originalverlag: Almquist & Wiksell Läromedel, Stockholm
Originaltitel: ANNA 7 ÅR
Lektorat: Ursula Heckel
Coproduktionsrechte durch Kerstin Kvint,
Literatur- und Coproduktionsagentur, Stockholm/Schweden
Einband von Jan Buchholz, unter Verwendung
einer Illustration von Ilon Wikland
ISBN 3-551-53166-8
Printed in Denmark

Anna wohnt in einer großen Stadt in Schweden. Durch die Stadt fließt ein Fluß, und an dem Fluß ist ein Hafen. In der Stadt gibt es Plätze und Parks und Straßen mit Bäumen und Läden und mehrere Kaufhäuser.

Anna wohnt in einem hohen Haus. Dort lebt sie mit ihrer Mama und ihrem Bruder Ola. Annas Papa ist schon vor vielen Jahren ausgezogen; aber Erik wohnt bei ihnen, Mamas Freund.

Die Wohnung hat drei Zimmer, Küche, Flur und Bad. Und einen Balkon.

Annas Opa ist tot. Die Oma wohnt am anderen Ende der Stadt. Wenn man dorthin will, muß man erst mit dem Bus und dann mit der Straßenbahn fahren.

Anna geht schon in die Schule, in die erste Klasse, zusammen mit ihrer Freundin Lena. Die beiden kennen sich schon, seit sie ganz klein waren und auf dem Fußboden herumgekrochen sind. Denn sie wohnen im selben Haus. Manchmal zanken sie sich. Dann spielt Anna mit jemand anderem. Aber am liebsten spielt sie mit Lena, und Lena spielt am liebsten mit Anna.

Und das ist die ganze Familie:
Anna,
Ola,
Mama
und Erik.

Es ist Sonntag. Mama und Erik müssen nicht arbeiten, und Oma ist zum Kaffee zu Besuch gekommen.

In dem gelben Haus mit den grünen Balkons wohnen Anna und Lena. Es steht in einer ganz ruhigen Straße, in der man prima spielen kann.

Aber wenn man die Treppe hinuntergeht, kommt man an eine Straße mit viel Autoverkehr. Dort spielen Anna und Lena nie.

Natürlich kann Anna sich allein anziehen.
Fast jedenfalls. Sie geht ja auch schon zur
Schule. Und wenn sie mal zwei verschiedene
Socken angezogen hat, sagt sie einfach,
daß sie das aus Spaß getan hat.
Den Zopf muß Mama ihr flechten. Aber die
Schleife sucht Anna immer selbst aus.

Lena ist oft zu Hause bei Anna. Manchmal liest Ola ihnen eine Geschichte vor. Er kann schon viel schneller lesen als Anna und Lena. Aber am liebsten liest er still für sich. Dann vergißt er ganz, wo er ist, und Anna und Lena müssen laut brüllen, damit er sich an sie erinnert.

Eriks Auto ist grün. Er fährt ein
Polizeiauto. Darauf steht „Polis",
so heißt die Polizei nämlich
in Schweden. Wenn Mama
und Erik sich unterwegs begegnen,
winken sie sich fröhlich zu.

Am anderen Ende der Stadt hat
Oma einen Blumenladen.
Anna besucht sie gern in ihrem
Laden. Es riecht so gut nach
all den Blumen. Und Oma weiß,
wie jede Blume heißt.
Manchmal darf Anna ihr helfen,
die Blumen zu gießen.
Es macht auch gar nichts, wenn
sie danebengießt. Der Fußboden
ist ja aus Stein.

Wenn Anna aufsteht, ist sie ganz munter.
Dann möchte sie sofort viele Sachen auf einmal tun: spielen und lesen und frühstücken.
„Beeil dich, Anna!" ruft Mama aus dem Badezimmer.
Dann beeilt Anna sich mit allem: mit dem Spielen und dem Lesen und dem Frühstücken.
Dabei ist ihr einmal in der Eile ein Butterbrot auf den Pullover und dann auf die Hose gefallen.
Wie praktisch, hat Anna gedacht, jetzt brauch ich kein Pausenbrot mit in die Schule zu nehmen. Es klebt ja schon an mir dran.

Es ist gut, daß Anna und Lena
im selben Haus wohnen.
So brauchen sie nicht allein
über die große Straße zu gehen
und können aufeinander
aufpassen.
Sie warten immer so lange, bis
die Ampel für die Fußgänger
Grün zeigt.

Danach ist es ganz einfach.
Sie gehen durch einen kleinen Park.
Manchmal treffen sie ein
Eichhörnchen, das möchte gern
Nüsse haben. Aber
Anna und Lena haben nicht
jeden Tag Nüsse in der Tasche.

Meistens ist Anna fröhlich und singt und lacht. Aber manchmal kann sie richtig böse werden. Dann schreit und brüllt sie und knallt die Türen.
Sie stampft auf der Treppe, damit alle im Haus hören, wie böse sie ist. Alle sind blöd. Nur Anna nicht. Niemand versteht sie. Und eigentlich versteht sie sich selbst nicht.

Anna und Lena haben immer was zu tun. Wenn sie nicht spielen, dann lesen sie, und wenn sie nicht lesen, dann malen sie, und wenn sie nicht malen, dann denken sie nach.

„Ein Pferd ist groß, wenn man eine Katze ist", sagt Anna.

„Ein Pferd ist klein, wenn man ein Elefant ist", sagt Lena.

„Eine Katze ist groß, wenn man eine Ameise ist", sagt Anna.

„Eine Katze ist klein, wenn man ein Pferd ist", sagt Lena.

Dann lachen sie und freuen sich, daß sie selber jedenfalls schon ganz schön groß sind.

Anna und Ola wohnen in einem Zimmer. Eine Ecke gehört Anna. Dort stehen Annas Bett, ein Tisch und ein Regal mit ihren Büchern. Auf dem Tisch macht Anna ihre Schularbeiten. Manchmal muß Ola ihr helfen. Aber ein Bild malen kann Anna schon ganz allein.
„So ein schönes Bild!" sagt Ola.
„Ich schenk es dir", antwortet Anna.

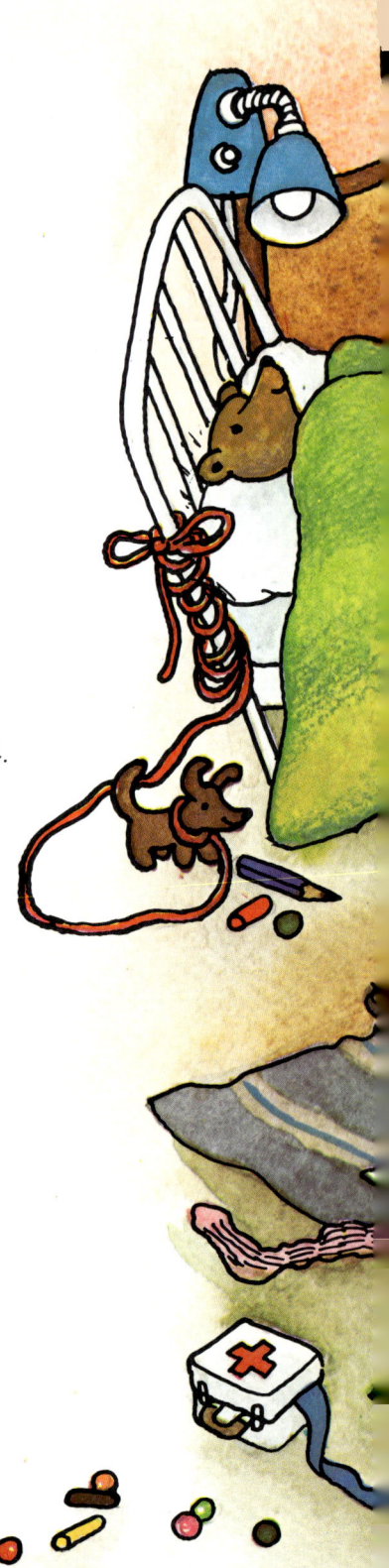

Am Samstag sind alle mit Saubermachen beschäftigt. Nur Anna nicht.
Ola saugt die Teppiche, Erik wäscht die Wäsche, Mama wischt Staub.
Anna sitzt auf dem Fußboden und zeichnet ein Bild für Oma.

Anna und Ola spielen Hund.
Anna ist ein kleiner, Ola ist ein großer Hund.
Anna ist ein starker Hund. Sie knurrt ganz tief, damit der große Hund sich fürchtet.
Der große Hund hat aber keine Angst. Er schnuppert an ihrem Ohr. „Schniff, schniff", macht er.
Das kitzelt am Ohr.
Da muß der kleine Hund so lachen, daß er einen Schluckauf kriegt.

Eines Tages steht Anna auf
einer Wiese. Es ist fast dunkel.
Aber es ist immer noch warm,
und es regnet ein bißchen.

Und Anna träumt.
Ich bin ein Baum, denkt sie.
Meine Zehen sind die Wurzeln,
die sich ins Gras bohren.
Meine Beine sind der Stamm,
meine Arme die Äste und
meine Finger die Zweige.
Wenn der Wind weht,
schaukle ich hin und her,
vor und zurück. So.
Und das ist schön ...

Zu Weihnachten hat Anna von Oma ein Tagebuch geschenkt bekommen. Anna kann aber noch nicht alle Wörter schreiben. Deshalb malt sie auf, was sie in den Winterferien erlebt.

Am Dienstag tobt ein Sturm über der Stadt.

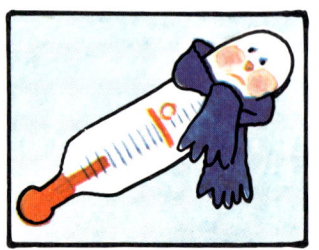

Am Mittwoch ist es bitterkalt.

Am Donnerstag schneit es. Freitag schneit es immer noch.

Am Samstag schenkt Ola Anna seine alten Skier.

Am Sonntag fährt Erik mit Anna aufs Land. Dort üben sie den ganzen Tag Ski fahren.

Und am Montag tun Anna die Beine so weh, daß Erik sie zur Schule fahren muß.

Anna weiß schon eine Menge. Aber sie weiß noch lange nicht alles.
Sie weiß nicht, wer bestimmt, daß Blau Blau heißt, daß Stuhl Stuhl und Auto Auto heißt.
Und warum heißt die Kiefer nicht Tanne?

Es gibt Tage, da möchte Anna alles wissen. Dann fragt sie und fragt.
„Mama, wer hat bestimmt, daß Weihnachten Weihnachten heißt?"
Mama weiß es nicht.
„Mama, wer hat bestimmt, daß Sommer Sommer heißt? Und warum heißt die Zwiebel nicht Erdbeere?"
Mama weiß es nicht.
„Mama, wer hat bestimmt, daß Ola Ola heißt, und warum heiße ich Anna und nicht Pferd?"
Mama lacht. Endlich weiß sie eine Antwort.
„Das war ich. Ich hab bestimmt, daß du Anna heißen sollst."

Alle Leute warten auf den Frühling, auf die Sonne und die Blumen. Anna wartet auf den Frühling, weil sie dann Geburtstag hat.
Im April wird sie acht Jahre alt.
„Dann bist du ein großes Mädchen", sagt Mama. „Du darfst dir etwas Besonderes wünschen."
„Ich wünsche mir einen Hund, zwei Katzen, drei Pferde, vier Affen, fünf Elefanten, sechs Schweine, sieben Kühe, acht Lämmer, neun Hühner und zehn Kamele", sagt Anna.
„Dann wünsch ich mir, daß du nie ein großes Mädchen wirst", sagt Ola. „Für mich ist sonst kein Platz in der Wohnung."
„Also gut", sagt Anna. „Ich wünsche mir nur neun Kamele. Ich möchte nämlich, daß du bleibst. Aber groß werde ich trotzdem!"